Inhalt

11. Tür: Plane einen "technologiefreien" Tag und verbringe Zeit ohne Bildschirm.
12. Tür: Lerne, "Nein" zu sagen und setze klare Grenzen, um Überlastung zu vermeiden.
13. Tür: Erstelle eine To-Do-Liste für Weihnachtseinkäufe und budgetiere deine Ausgaben.
14. Tür: Nimm dir Zeit für ein tiefes Gespräch mit einem Freund oder Familienmitglied.
15. Tür: Reflektiere über bisherige Erfolge und plane deine nächsten Schritte.
16. Tür: Löse eine schwierige Aufgabe in kleine Schritte auf, um sie besser bewältigen zu können.
17. Tür: Mache eine kurze Meditationsübung, um deinen Geist zu beruhigen.
18. Tür: Erstelle eine Liste von potenziellen Stressoren in der kommenden Woche und finde Bewältigungsstrategien.
19. Tür: Schaffe Raum für Kreativität und arbeite an einem kreativen Projekt.
20. Tür: Überprüfe deine Ziele für den Advent und stelle sicher, dass du auf dem richtigen Weg bist.
21. Tür: Übe dich in Dankbarkeit und notiere drei Dinge, für die du dankbar bist.

22. Tür: Nimm dir Zeit für eine kurze Workout-Sitzung, um deinen Geist zu beleben.
23. Tür: Lies einen Artikel oder ein Buch über Persönlichkeitsentwicklung.
24. Tür: Feiere deine Erfolge und freue dich auf eine besinnliche Weihnachtszeit!.

FOKUS & STRUKTUR

Adventskalender

1. December

1. Türchen

Schreibe eine Liste mit deinen wichtigsten Zielen für den Advent

Setze dich hin und überlege, welche Ziele du in dieser besonderen Zeit erreichen möchtest. Diese könnten sich auf persönliche, berufliche oder soziale Aspekte beziehen.

Beispiel:

Mögliche Ziele könnten sein, täglich eine positive Tat zu vollbringen, drei Kapitel in einem Buch zu lesen oder Zeit mit der Familie zu verbringen.

Übung:

Schreibe mindestens fünf Ziele auf und hänge die Liste an einen gut sichtbaren Ort, um dich täglich daran zu erinnern.

Reflektionsfrage:

Was hast du erreicht, und wie hast du dich durch das Festlegen dieser Ziele selbst motiviert?

FOKUS & STRUKTUR

Adventskalender

2.

December

2. Türchen

Erstelle einen Tagesplan für morgen, um deine Zeit effektiv zu nutzen

Die Planung deines Tages ermöglicht es dir, deine Zeit optimal zu nutzen und die wichtigsten Aufgaben zu erledigen.

Beispiel:

07:00 - 08:00 Uhr: Morgenroutine und Meditation, 08:30 - 10:30 Uhr: Arbeit an Projekt X, 11:00 - 12:00 Uhr: Mittagessen und Spaziergang, usw.

Übung:

Erstelle einen Tagesplan für den nächsten Tag, der klare Zeitblöcke für verschiedene Aktivitäten vorsieht.

Reflektionsfrage:

Wie hat die Strukturierung deines Tages dazu beigetragen, deine Produktivität zu steigern?

FOKUS & STRUKTUR

Adventskalender

3.

December

3. Türchen

Räume deinen Arbeitsplatz auf, um eine bessere Arbeitsumgebung zu schaffen.

Ein aufgeräumter Arbeitsplatz kann die Konzentration und Kreativität fördern und Stress reduzieren.

Beispiel:

Entferne unnötige Gegenstände, organisiere deine Schreibutensilien und sorge für ausreichend Licht und gute Belüftung.

Übung:

Nimm dir Zeit, um deinen Arbeitsplatz zu reinigen und neu zu organisieren.

Reflektionsfrage:

Wie hat die Gestaltung deines Arbeitsplatzes deine Produktivität und Stimmung beeinflusst?

FOKUS & STRUKTUR

Adventskalender

4. December

4 Türchen:

Probiere die Pomodoro-Technik aus: Arbeite 25 Minuten, dann mache eine 5-minütige Pause.

Die Pomodoro-Technik ist eine effektive Methode, um fokussiert zu arbeiten und gleichzeitig regelmäßige Pausen einzulegen.

Beispiel:

Stelle einen Timer auf 25 Minuten, arbeite während dieser Zeit intensiv an einer Aufgabe und mache dann eine kurze Pause.

Übung:

Probiere die Pomodoro-Technik für eine Aufgabe aus und beobachte, wie sie deine Produktivität beeinflusst.

Reflektionsfrage:

Wie hast du dich während der Arbeitsphasen gefühlt, und hast du dich besser konzentrieren können?

FOKUS & STRUKTUR

Adventskalender

5.

December

5. Türchen

Mache einen Spaziergang und nutze die Zeit zum Nachdenken und Klären deiner Gedanken.

Ein Spaziergang in der Natur kann dir helfen, den Kopf freizubekommen und neue Perspektiven zu gewinnen.

Beispiel:

Gehe in den Park oder Wald und nutze die Zeit, um über aktuelle Herausforderungen nachzudenken.

Übung:

Plane einen 30-minütigen Spaziergang in deine tägliche Routine ein.

Reflektionsfrage:

Wie hat dir der Spaziergang geholfen, Klarheit in Bezug auf bestimmte Gedanken oder Probleme zu gewinnen?

FOKUS & STRUKTUR

Adventskalender

6. December

6. Türchen

Lerne eine neue Technik zum Zeitmanagement, die dich anspricht (z.B. Kanban, Eisenhower-Matrix).

Es gibt verschiedene Zeitmanagement-Techniken, die dir helfen können, deine Aufgaben zu organisieren und effizienter zu arbeiten.

Beispiel:

Informiere dich über die Kanban-Methode oder die Eisenhower-Matrix und wähle diejenige aus, die am besten zu deinem Arbeitsstil passt.

Übung:

Wende die gewählte Technik an, um deine Aufgabenliste zu organisieren und zu priorisieren.

Reflektionsfrage:

Welche Zeitmanagement-Technik hat sich für dich als besonders hilfreich erwiesen?

FOKUS & STRUKTUR

Adventskalender

7. December

7. Türchen

Entwickle eine morgendliche Routine, um den Tag fokussiert zu beginnen.

Eine strukturierte Morgenroutine kann dir dabei helfen, den Tag mit Energie und Fokus zu starten.

Beispiel:

Stehe zur gleichen Zeit auf, mache ein paar Dehnübungen, trinke ein Glas Wasser und setze dich für 5 Minuten zur Meditation.

Übung:

Plane eine morgendliche Routine, die aus einigen gesunden Gewohnheiten besteht, die du jeden Tag durchführen möchtest.

Reflektionsfrage:

Wie hat sich deine morgendliche Routine auf deine Produktivität und Stimmung ausgewirkt?

FOKUS & STRUKTUR

Adventskalender

8.

December

8. Türchen

Setze Prioritäten für die Woche und arbeite an den wichtigsten Aufgaben zuerst.

Das Setzen von Prioritäten ist entscheidend, um wichtige Aufgaben rechtzeitig zu erledigen.

Beispiel:

Identifiziere die drei wichtigsten Aufgaben für die Woche und plane, diese zuerst anzugehen.

Übung:

Notiere deine Prioritäten für die kommende Woche und arbeite daran, diese in deinen Zeitplan zu integrieren.

Reflektionsfrage:

Wie hat das Setzen von Prioritäten deine Effizienz und Konzentration verbessert?

FOKUS & STRUKTUR

Adventskalender

9.

December

9. Türchen

Vermeide Ablenkungen, indem du Benachrichtigungen auf deinem Telefon deaktivierst.

Ständige Benachrichtigungen können deine Konzentration stören und deine Produktivität beeinträchtigen.

Beispiel:

Deaktiviere nicht relevante Benachrichtigungen auf deinem Smartphone, während du an wichtigen Aufgaben arbeitest.

Übung:

Verbringe eine Stunde ohne Benachrichtigungen, um dich voll auf eine Aufgabe zu konzentrieren.

Reflektionsfrage:

Wie hat die Reduzierung von Ablenkungen deine Fähigkeit verbessert, dich auf eine Aufgabe zu konzentrieren?

FOKUS & STRUKTUR

Adventskalender

10. December

10. Türchen

Führe ein kurzes Journal, um den Fortschritt deiner Ziele festzuhalten.

Das Schreiben eines Journals ermöglicht es dir, deine Gedanken zu sortieren und den Fortschritt deiner Ziele zu verfolgen.

Beispiel:

Notiere täglich oder wöchentlich deine Erfolge, Herausforderungen und wichtigen Erkenntnisse in Bezug auf deine Ziele.

Übung:

Beginne ein Journal und schreibe darin über deine Erfahrungen und Fortschritte im Advent.

Reflektionsfrage:

Wie hat das Journaling dazu beigetragen, dich besser auf deine Ziele zu konzentrieren und motiviert zu bleiben?

FOKUS & STRUKTUR

Adventskalender

11.

December

11. Türchen

Plane einen "technologiefreien" Tag und verbringe Zeit ohne Bildschirm.

Die ständige Nutzung von Technologie kann manchmal überwältigend sein. Plane einen Tag, an dem du dich bewusst von Bildschirmen fernhältst.

Beispiel:

Verbringe einen Tag ohne Fernsehen, Handy oder Computer und nutze die Zeit für kreative Aktivitäten, Lesen oder Zeit mit Freunden und Familie.

Übung:

Wähle einen Tag in der Woche aus und verbringe ihn ohne die Nutzung von Technologie.

Reflektionsfrage:

Wie hat der technologiefreie Tag deine Wahrnehmung und Fokussierung auf andere Aktivitäten beeinflusst?

FOKUS & STRUKTUR

Adventskalender

12.

December

12. Türchen

Lerne, "Nein" zu sagen und setze klare Grenzen, um Überlastung zu vermeiden.

Indem du lernst, "Nein" zu sagen, kannst du dich besser auf die Aufgaben konzentrieren, die dir am wichtigsten sind.

Beispiel:

Wenn du bereits viel zu tun hast, lehne neue Aufgaben ab, die deine Produktivität beeinträchtigen könnten.

Übung:

Übe das klare Aussprechen von "Nein" in bestimmten Situationen, in denen du dich überfordert fühlst.

Reflektionsfrage:

Wie hat das Setzen von klaren Grenzen deine Fähigkeit gestärkt, dich auf das Wesentliche zu konzentrieren?

FOKUS & STRUKTUR

Adventskalender

13. December

13. Türchen

Erstelle eine To-Do-Liste für Weihnachtseinkäufe und budgetiere deine Ausgaben.

Eine gut organisierte To-Do-Liste für Weihnachtseinkäufe hilft dir, den Überblick zu behalten und dein Budget einzuhalten.

Beispiel:

Schreibe eine Liste der Personen, für die du Geschenke kaufen möchtest, und plane ein Budget für jedes Geschenk ein.

Übung:

Erstelle eine To-Do-Liste für deine Weihnachtseinkäufe und halte dich an dein Budget.

Reflektionsfrage:

Wie hat das Planen deiner Weihnachtseinkäufe dazu beigetragen, mehr Fokus und Struktur in die Vorweihnachtszeit zu bringen?

FOKUS & STRUKTUR

Adventskalender

14.

December

14. Türchen

Nimm dir Zeit für ein tiefes Gespräch mit einem Freund oder Familienmitglied.

Ein tiefgründiges Gespräch kann dir helfen, dich zu entspannen und zu reflektieren.

Beispiel:

Vereinbare ein Treffen oder rufe einen Freund oder ein Familienmitglied an, um über wichtige Themen zu sprechen.

Übung:

Nimm dir bewusst Zeit, um dich mit jemandem zu unterhalten, ohne abgelenkt zu sein.

Reflektionsfrage:

Wie haben tiefgründige Gespräche dazu beigetragen, deine Beziehungen zu stärken und Klarheit zu gewinnen?

FOKUS & STRUKTUR

Adventskalender

15.

December

15. Türchen

Reflektiere über bisherige Erfolge und plane deine nächsten Schritte.

Eine regelmäßige Reflektion hilft dir dabei, deine Fortschritte zu erkennen und deine nächsten Schritte zu planen.

Beispiel:

Nimm dir Zeit, um über die bisherige Adventszeit nachzudenken und liste deine erreichten Ziele auf.

Übung:

Reflektiere über deine bisherigen Erfolge und lege deine nächsten Schritte fest, um deine Ziele zu erreichen.

Reflektionsfrage:

Wie hat die regelmäßige Reflektion dazu beigetragen, deine Ziele im Auge zu behalten und motiviert zu bleiben?

FOKUS & STRUKTUR

Adventskalender

16. December

16. Türchen

Löse eine schwierige Aufgabe in kleine Schritte auf, um sie besser bewältigen zu können.

Große und komplexe Aufgaben können überwältigend wirken. Die Aufteilung in kleine Schritte erleichtert die Bewältigung.

Beispiel:

Teile eine schwierige Aufgabe in mehrere Teilaufgaben auf und erledige sie nacheinander.

Übung:

Wähle eine herausfordernde Aufgabe und gliedere sie in kleine Schritte, um sie besser zu bewältigen.

Reflektionsfrage:

Wie hat das Aufteilen von großen Aufgaben in kleinere Schritte deine Fähigkeit gestärkt, dich auf die Bewältigung zu konzentrieren?

FOKUS & STRUKTUR

Adventskalender

17.

December

17. Türchen

Mache eine kurze Meditationsübung, um deinen Geist zu beruhigen.

Meditation kann dir helfen, innere Ruhe zu finden und deine Gedanken zu klären.

Beispiel:

Setze dich für 5-10 Minuten in eine ruhige Umgebung und konzentriere dich auf deinen Atem oder ein beruhigendes Mantra.

Übung:

Probiere eine einfache Meditationsübung aus und beobachte, wie sich dein Geist danach anfühlt.

Reflektionsfrage:

Wie hat die regelmäßige Meditation dazu beigetragen, deine Konzentration und deinen Fokus zu verbessern?

FOKUS & STRUKTUR

Adventskalender

18.

December

18. Türchen

Erstelle eine Liste von potenziellen Stressoren in der kommenden Woche und finde Bewältigungsstrategien.

Indem du dich auf mögliche Stressquellen vorbereitest,

kannst du besser damit umgehen und deinen Fokus bewahren.

Beispiel:

Notiere mögliche Stressoren wie Deadlines, Veranstaltungen oder persönliche Herausforderungen und überlege dir Bewältigungsstrategien.

Übung:

Erstelle eine Liste von potenziellen Stressquellen und entwickle Strategien, um mit ihnen umzugehen.

Reflektionsfrage:

Wie hat die Vorbereitung auf potenzielle Stressoren dazu beigetragen, deinen Fokus und deine Gelassenheit aufrechtzuerhalten?

FOKUS & STRUKTUR

Adventskalender

19.

December

19. Türchen

Schaffe Raum für Kreativität und arbeite an einem kreativen Projekt.

Kreativität kann helfen, den Geist zu erfrischen und neue Perspektiven zu gewinnen.

Beispiel:

Widme Zeit einem kreativen Projekt wie Malen, Schreiben oder Basteln. Lasse deiner Fantasie freien Lauf und genieße den Prozess.

Übung:

Wähle ein kreatives Projekt aus, das dich anspricht, und investiere Zeit und Mühe in seine Umsetzung.

Reflektionsfrage:

Wie hat das Arbeiten an einem kreativen Projekt deine Kreativität und deine Fähigkeit, neue Lösungsansätze zu finden, gestärkt?

FOKUS & STRUKTUR

Adventskalender

20.

December

20. Türchen

Überprüfe deine Ziele für den Advent und stelle sicher, dass du auf dem richtigen Weg bist.

Es ist wichtig, die Zielerreichung zu überprüfen und gegebenenfalls Anpassungen vorzunehmen.

Beispiel:

Gehe deine Liste der Ziele für den Advent durch und notiere, welche Ziele du bereits erreicht hast und welche noch ausstehen.

Übung:

Mache eine Bestandsaufnahme deiner bisherigen Fortschritte und überlege, ob du deine Ziele anpassen oder weitere Schritte unternehmen möchtest.

Reflektionsfrage:

Wie hat die Überprüfung deiner Ziele dazu beigetragen, deine Fokussierung und Motivation aufrechtzuerhalten?

FOKUS & STRUKTUR

Adventskalender

21.

December

21. Türchen

Übe dich in Dankbarkeit und notiere drei Dinge, für die du dankbar bist.

Dankbarkeit zu praktizieren, kann das Gefühl von Zufriedenheit und Fokus stärken.

Beispiel:

Jeden Abend, bevor du schlafen gehst, notiere drei Dinge, für die du an diesem Tag dankbar bist.

Übung:

Nimm dir jeden Abend Zeit, um deine Dankbarkeitsliste zu erstellen und sie bewusst zu reflektieren.

Reflektionsfrage:

Wie hat die Praxis der Dankbarkeit dazu beigetragen, deine Perspektive auf das Leben zu verändern und dich auf das Positive zu fokussieren?

FOKUS & STRUKTUR

Adventskalender

22.

December

22. Türchen

Nimm dir Zeit für eine kurze Workout-Sitzung, um deinen Geist zu beleben.

Körperliche Bewegung kann deine Energie steigern und den Fokus verbessern.

Beispiel:

Führe eine kurze Workout-Sitzung durch, die dich herausfordert, aber nicht zu viel Zeit in Anspruch nimmt.

Übung:

Integriere regelmäßig kurze Workouts in deine Routine, um deinen Geist und Körper zu beleben.

Reflektionsfrage:

Wie hat körperliche Bewegung deine geistige Klarheit und Fokussierung verbessert?

FOKUS & STRUKTUR

Adventskalender

23.

December

23. Türchen

Lies einen Artikel oder ein Buch über Persönlichkeitsentwicklung.

Selbstreflexion und persönliches Wachstum können deinen Fokus und deine Lebensführung positiv beeinflussen.

Beispiel:

Wähle ein Buch oder einen Artikel über Persönlichkeitsentwicklung aus und tauche in die Thematik ein.

Übung:

Plane Zeit für das Lesen und setze dich bewusst mit den Inhalten auseinander.

Reflektionsfrage:

Wie haben die Erkenntnisse aus dem gelesenen Material dein Denken und deine Sicht auf dich selbst und dein Leben verändert?

FOKUS & STRUKTUR

Adventskalender

24.

December

24. Türchen

Feiere deine Erfolge und freue dich auf eine besinnliche Weihnachtszeit!

Es ist wichtig, sich selbst für erreichte Ziele zu belohnen und die Vorfreude auf die besinnliche Zeit zu genießen.

Beispiel:

Mache eine Liste deiner Erfolge während des Advents und plane eine kleine Belohnung für dich selbst.

Übung:

Feiere deine Fortschritte und freue dich auf eine besinnliche Weihnachtszeit mit deinen Lieben.

Reflektionsfrage:

Wie hat die Anerkennung deiner Erfolge und das Vorfreude auf Weihnachten deine Stimmung und Motivation gestärkt?

Merry Christmas

Printed in Great Britain
by Amazon

31223296R00046